贞观之治

○ 主编 金开诚

○ 编著 徐大成

吉林出版集团有限责任公司

吉林文史出版社

图书在版编目（CIP）数据

贞观之治 / 徐大成编著. —长春：
吉林出版集团有限责任公司，2011.4（2023.4重印）
ISBN 978-7-5463-5055-4

Ⅰ. ①贞… Ⅱ. ①徐… Ⅲ. ①贞观之治 Ⅳ.
①K242.105

中国版本图书馆CIP数据核字(2011)第053502号

贞观之治

ZHENGUANZHIZHI

主编/ 金开诚 编著/徐大成

项目负责/崔博华 责任编辑/崔博华 邱 荷

责任校对/邱 荷 装帧设计/马锦天

出版发行/吉林出版集团有限责任公司 吉林文史出版社

地址/长春市福祉大路5788号 邮编/130000

印刷/天津市天玺印务有限公司

版次/2011年4月第1版 印次/2023年4月第5次印刷

开本/660mm×915mm 1/16

印张/9 字数/30千

书号/ISBN 978-7-5463-5055-4

定价/34.80元

前 言

　　文化是一种社会现象，是人类物质文明和精神文明有机融合的产物；同时又是一种历史现象，是社会的历史沉积。当今世界，随着经济全球化进程的加快，人们也越来越重视本民族的文化。我们只有加强对本民族文化的继承和创新，才能更好地弘扬民族精神，增强民族凝聚力。历史经验告诉我们，任何一个民族要想屹立于世界民族之林，必须具有自尊、自信、自强的民族意识。文化是维系一个民族生存和发展的强大动力。一个民族的存在依赖文化，文化的解体就是一个民族的消亡。

　　随着我国综合国力的日益强大，广大民众对重塑民族自尊心和自豪感的愿望日益迫切。作为民族大家庭中的一员，将源远流长、博大精深的中国文化继承并传播给广大群众，特别是青年一代，是我们出版人义不容辞的责任。

　　本套丛书是由吉林文史出版社和吉林出版集团有限责任公司组织国内知名专家学者编写的一套旨在传播中华五千年优秀传统文化，提高全民文化修养的大型知识读本。该书在深入挖掘和整理中华优秀传统文化成果的同时，结合社会发展，注入了时代精神。书中优美生动的文字、简明通俗的语言、图文并茂的形式，把中国文化中的物态文化、制度文化、行为文化、精神文化等知识要点全面展示给读者。点点滴滴的文化知识仿佛颗颗繁星，组成了灿烂辉煌的中国文化的天穹。

　　希望本书能为弘扬中华五千年优秀传统文化、增强各民族团结、构建社会主义和谐社会尽一份绵薄之力，也坚信我们的中华民族一定能够早日实现伟大复兴！

目录

一、"贞观之治"出现的历史背景

　　"贞观之治"指的是唐朝初期出现的太平盛世。从627年到649年是唐朝的第二个皇帝——唐太宗李世民当政时期，年号"贞观"。

　　唐太宗任人唯贤、知人善用、广开言路、虚心纳谏，重用魏徵等忠臣，采取了一些以农为本的政策，减轻了徭赋，实施了休养生息的恤民政策，厉行节约，完善科举制度。唐太宗在位的二十三年，唐朝经济发展迅速、社会安定、政治清明、人民富裕安康，出现了空前的繁荣，所以人们把这一段时期称为"贞观之治"。"贞观之治"是中国历史上最为璀璨夺目的时期，为后来的开元盛世奠定了坚实的基础。

（一）民生凋敝

隋朝末年，隋炀帝横征暴敛，骄奢淫逸，百姓背负着无穷无尽的赋税和徭役。隋炀帝在位期间，四次出巡、大兴土木、三征高句丽、开凿运河给人民增加了难以承受的兵役和徭役负担。大业年间几乎每年都有数百万壮丁离乡服役，甚至丁男不够用而役使妇女，严重影响了农民的正常生产生活。当时黄河以北千里无人烟，江淮之地杂草丛生，关陇一代万户萧疏。民生凋敝、财力俱竭，冻死、饿死的百姓不计其数，尸骨遍野的悲惨景象随处可见。

贞观初年，整个唐朝社会呈现出一种千疮百孔的景象。大业七年（611年）王薄在长白山发动起义，隋末农民大起义爆发。连续十多年的战争同样致使土地荒芜，经济萧条，生产很不景气。人民仍然吃不饱肚子，过着颠沛流离的生活。就连比较富饶的关中地区与隋朝初年相比，也相差很远。人口也大大地减少了，隋唐更替的战争中人口减少两千万以上，例如人口原本密集的河南地区，也有很多土地荒芜，无人耕种。政府掌握的户籍只有二百多万户，不到隋朝时期的三分之一。加上贞观元年关中歉

收，斗米值绢一匹，贞观二年蝗灾，贞观三年大水，克服天灾人祸造成的困难，实非易事。大战之后，人少地多，人心思安，这是"贞观之治"产生的历史背景。

（二）内忧外患

"玄武门之变"后，统治阶级内部虽然解决了上层集团的派系之争，但是统治的基础仍然不稳固。中央政权内部矛盾重重，地方掌握兵权的某些将领，对中央政权也是貌合神离。前代门阀地主在经过了农民大起义的打击之后，虽然势力大为减弱，但是他们仍然在地方上为非作歹、危及唐朝的统治，甚至公开挑起武装冲突，企图推翻唐太宗的统治。

边疆民族问题也威胁着唐朝的

统治。西北边疆突厥势力强大，不断侵袭内地，对唐朝统治造成极大的威胁。边疆各族对唐朝的方针政策不了解，徘徊、观望，怀有恐惧心理，边疆战事时有发生。这些对于唐初混乱的社会状况更是雪上加霜。

面对着凋敝的民生、内部的威胁、外部的干扰，重整生产、恢复国力、稳定统治成为统治阶级亟待解决的问题，也是唐太宗面临的一个重大挑战。

（三）以史为鉴

唐太宗生于隋文帝末年的太平之世，却长于隋炀帝在位的动乱之时，他目睹了隋王朝的灭亡。隋朝盛极一时，它辉煌与壮丽的光影在唐太宗的

记忆深处闪动，但它灭亡的惨剧更是在唐太宗的记忆中久久挥之不去，隋朝曾是那样一个强大的帝国，却在顷刻间轰然倒塌，这不能不令唐太宗心生感慨。唐太宗亲眼看到了农民战争推翻隋朝的过程，认识到了广大农民对封建统治稳定的重要性。所以，唐太宗引隋之苛政为戒，调整统治政策，纠正前朝的弊端，以缓和阶级矛盾，稳定社会秩序，恢复经济。

自然而然地，"以史为鉴，以民为本"成为唐太宗治国的指导思想。他认为皇帝要勤于政事，大臣要廉洁奉公，政府要轻徭薄赋，只有"存百姓""重人才""强政治"才能将整个国家从崩溃的边缘拉回来。首先，唐太宗认识到统治者与人民是"舟与水"的关系，通过土地赋税制度的调整以"存百姓"；其次，他认识到了重用人才，虚怀纳谏的意义，只有知人善任，

从谏如流，营造出政治清明的氛围，才能
保证较为开明正确的政治、经济、民族、
外交、文化上的政策得以制定和实施；三
是加强政治，完善三省六部制和科举制，
以巩固中央集权，提高行政效率，扩大统
治基础。

（四）李世民的个人修为

唐太宗是我国封建社会杰出的政治
家，他善于用人，勇于纳谏，不断调整统
治政策，他的个人作用也是"贞观之治"
局面形成的重要因素。

1.少年生活

李世民生于599年1月23日。父亲李
渊，爵为唐国公，母亲窦氏，出身于鲜卑
贵族。李世民是李渊和窦皇后的次子。李
世民的家族是根底很深的军事贵族，崇
尚武功，子弟自幼就要演习弓马、读兵
书，李世民也是如此。

童年时代的李世民是个聪明睿智的孩子。他喜爱读书，爱好历史、文学和书法，写得一手好字。又从小就演习弓马，驰骋猎场。他身强力壮，武艺精湛，还饱读了兵书。14岁到16岁，李世民一直居住在京师长安，在这段不安定的生活中，他饱览了各地的河谷山川、军事要塞，接触了各地的民情风俗，了解了许多社会现实情况。李世民少年时期的成长和家庭环境也有着密切的关系。他的叔父、堂兄弟中有许多善治军事的将才，如江夏王李道宗、河间王李孝恭、淮安王李神通，都在李唐王朝创业过程中建立了军功。这些都使他见识广博、眼界开阔，同时头脑冷静、处事果断，既有远见卓识又足智多谋。

2.青年时期

李世民16岁时，社会突然

发生了剧烈的动荡,时代的洪流将李世民推上了一条特殊的人生道路。那时候农民起义的大火燃烧起来,隋朝统治集团内部也发生了公开的分裂,全国上下一片混乱。面对着严峻的现实,李渊父子是继续留在隋统治集团营垒内部,还是卷入反隋的斗争洪流,何去何从,关系着李氏家族的兴衰存亡。李世民也就是在这种激剧的社会变动中告别了无忧无虑的少年时代,跨入了文治武功的青年旅途。

在解雁门之围的战役及随父亲李渊到太原镇压甄翟儿起义军的两次战事中,李世民勇敢机智的军事才能开始显露。隋大业十一年(615年),隋炀帝被突厥十万骑兵围困于雁门(今山西代县),李世民应募从屯卫将军云定兴前往救援,他分析了敌我双方的力量对

比，采用了多布疑兵的策略，展现了机智灵活的军事才华。大业十二年，李世民随父亲李渊到了太原，参加了镇压甄翟儿起义军的战事，在战争中李世民又巧用计谋，化险为夷，取得了胜利。

晋阳起兵是李世民正式登上政治舞台的开始。那时候，年仅20岁的李世民在密谋活动中起了极其重要的作用。在与父亲李渊南征北战的过程中，李世民的聪明才智也得到了最大限度的发挥，同时在这个过程之中，李世民也学到了很多的东西，他开始成长，并且走向了成熟。在这期间他立下了很多功劳，这些都为他后来登上帝位打下了坚实的基础。

李世民在战斗中注重战前侦察，虽屡次遇险，但每次战斗都能做到知己知彼，善于制造战机，当敌强我弱时，他经常用"坚壁挫锐"的战法拖垮敌人。战斗中身先士卒，亲自率领骑兵突击敌阵，胜利后勇追穷寇，不给敌人喘息之机，因此能获得战斗的胜利。在统一战争中，他运筹帷幄，决胜千里，知人善任，选拔良才，取得了战争的胜利。李世民用他卓越的军事才能，为大唐帝国的建立和发展作出了巨大的贡献，他不愧为我国历史上杰出的军事家，他的赫赫武功也永垂青史！

3.玄武门之变

唐高祖李渊有三个儿子:大儿子李建成、次子李世民、小儿子李元吉。李渊当了皇帝以后,把李建成立为太子。李世民和李元吉分别被封为秦王和齐王。

李世民在唐朝建立以及统一全国的过程中,功劳比谁都大,自然会产生做天子的想法。李世民在他的秦王府里,聚集了一大批忠于他的谋臣猛将,这些人都是李世民在几年里招揽的。文臣有房玄龄、杜如晦等十八学士,武将有尉迟恭、秦叔宝、程咬金等二十五人。就连刘文静、长孙顺德这些朝中重臣都支持李世民继承帝位。与此同时,李世民显赫的军事地位和政治势力,引起他的哥哥皇太子李建成的妒忌,他觉得李世民是自己潜在的威胁。为了维护自己的太子地位,李建成也不甘示弱,极力扩充自己的势力。他还把齐

王李元吉拉拢到自己一边，两人齐心合力共同对付李世民。

这年夏天，突厥发兵侵犯唐朝边境。李建成向父亲李渊建议，由李元吉担任元帅。他是想趁这个天赐良机把秦王府的精兵良将调离李世民身边，然后除掉他。可是，李建成的阴谋被他的一个手下全盘告诉了李世民。

在这紧急关头，李世民和谋臣们商量以后，决定先下手为强。于是，李世民偷偷告诉李渊说："太子、齐王与皇上的嫔妃之间不干净。"李渊气坏了，下旨让二人明日来见自己，他要亲自问个清楚。第二天一大早，李世民就派尉迟恭带人埋伏在玄武门内。当太子、齐王上朝从这里经过时，二人发

现情况异常，立即打算回到东宫。李世民哪能让到了嘴边的肥肉飞了？在后面呼喊二人的名字。李元吉回头就射李世民，由于太紧张，弓箭都拉不满了，所以射了三箭，却连李世民的毫毛也没伤到。李世民亲身经历了不少这种场面，一点也不慌张，一箭就要了李建成的命。

太子手下冯立等人听说有变，赶紧率兵领马赶到玄武门，秦王手下张公谨关上城门，冯立准备进攻秦王府。关键时刻，尉迟恭把李建成、李元吉的脑袋拿了出来，大声对太子军队说："太子、齐王作乱，已被正法。秦王宽宏大量，不追究你们，快放下武器投降吧。"太子手下一听太子都死了，一哄而散。这就是历史上有名的"玄武门之变"。

李世民又让尉

迟恭全副武装，进宫去向李渊报告发生
的事情。李渊这时正在宫中的湖里坐船
游玩，见尉迟恭站在岸上，而且全副武
装，赶紧问发生了什么事情。尉迟恭恭
恭敬敬地行过礼，说："太子、齐王发
动叛乱，秦王以朝廷为重，大义灭亲，
杀死了太子、齐王。但是东宫和齐
王府的军队还在闹事。秦王怕惊
动了陛下，特派我来保驾。"李
渊听到三个儿子相残，气得一
句话都说不出来。过了好一会
儿，他才气愤地说："真想不到，这
个逆子连自己的亲生兄弟都杀了。"
一直陪着皇帝的大臣萧瑀赶
紧劝说："事情已经这样了，请
陛下息怒。太子和齐王本来就没
有秦王功劳大，您不如顺水推
舟，把国家大事都交给秦王处
理，您自己也能享个清福。"尉
迟恭也在一旁督促李渊下旨，让

秦王控制各路兵马，以便制止太子和齐王余党的骚乱。

事已至此，李渊也无可奈何，只得亲手写下诏书，命令所有的军队都听从秦王李世民的指挥。后来，李渊又被迫宣布立李世民为太子。这时，全国的局势已经被李世民控制了。李渊无奈，主动表示愿意早些退位。由此，李世民正式当了皇帝，就是历史上赫赫有名的唐太宗。

二、贞观定策

（一）"天下大治"讨论

贞观七年，唐太宗亲自主持了一场大讨论，探讨大乱之后国家是否能够尽快得到治理的问题。朝廷中进行了一次如何实现"天下大治"的辩论。大臣封德彝等认为，尧舜禹时代百姓质朴，所以那时候天下治理得好。可如今的百姓已经不是当年的百姓了，人心不古，这个时候如果不用强力，天下肯定治理不好。天下久乱之后，一定要用重法，统治的力度一定要强，要实施严刑峻法，只有暴力刑罚才能使天下得到治理。魏徵坚决反对这种主张，他认为，时代已经变了，每个朝代都有自己治理的方法，人心大坏的说法也是不可靠的，古时候的百姓与现在的百姓没有区别，天下的治与乱也不在于百姓的好与坏，而在于统治者。魏徵主张推行王道，以"仁义"治理国家，孔子说过："政者，正也。""其身正，不令而行；其身不正，虽令不从。"王道政治就是要以德化民，统治者身体力行，百姓才能跟随，上下同心，不必太久，即可实现"天下大治"。唐太宗采纳了魏徵的意见，确立了贞观时期施政的总方针，那就是走王

道的路线，光明正大地以德治国。此后，唐太宗释放了宫女，制订了削减封王、精兵简政等政策，都得到了百姓的支持。推行了数年之后，"国内康宁"，国家得到了良好的治理。王道的施政方针的确立，对"贞观之治"影响颇为深远。

（二）"群臣论治"

唐朝初年，经历了社会剧变之后，人口死亡和流散众多，大量土地荒芜，社会经济遭到严重破坏以至凋敝不堪。如何恢复战争造成的创伤，把隋末战乱造成破烂不堪、千疮百孔的国家重新振兴起来，是摆在李世民面前的

一个非常重要和艰巨的任务，因为这是关系到唐王朝政权能否巩固统治的大问题。唐太宗李世民曾经亲自参与了推翻隋朝的战争，在这个过程中他亲眼看到了人民力量的伟大，目睹了隋朝统治的灭亡。所以，他经常和大臣们一起总结隋朝灭亡的经验教训，试图从中汲取一些可以借鉴的教训，作为以后唐王朝统治政策的"镜子"，这就是历史上有名的"唐太宗群臣论治"。他常以隋朝灭亡的教训不断地告诫自己和众多大臣，总结隋朝灭亡的原因主要是赋役繁重，人民生活困苦，大小官员贪污荒治。他经常以"水能载舟，亦能覆舟"的经典话语激励和鞭策自己。他认识到一个政权

如果过分暴虐，使人民无法正常生活的话，人民必然要起来反抗甚至把它推翻，所以对人民的统治一定要有度量和节制，不能采取竭泽而渔、破釜沉舟的政策来统治人民。因此，李世民极力主张去奢省费，轻徭薄赋，休养生息，整顿吏治，使得整个国家的各个方面能够尽快恢复和发展。

唐太宗群臣论治的范围非常广泛。首先在用人方面，他坚持"任人唯贤"、择善任人的原则。他从不因为与自己关系亲近而用人，也不因关系疏远而弃其贤才，这样一来使得各阶层、各方面的许多人才都被唐太宗有效地利用，重用了房玄龄、杜如晦、魏徵等一大批优秀人才，他们各具才能，为唐朝经济、政治、军事以及社会稳定等方面的发展作出了杰出的贡献。唐

太宗还特别注意选拔和考察地方官吏，竭力避免任用那些坑害国家和人民的无德无能之人。他认为地方官员直接管理老百姓，与天下大治有直接关系，要使国家长治久安，人民安居乐业，选拔任用地方官员更要慎重。他曾对吏部尚书杜如晦说"比见吏部择人，唯取其言辞如刀笔，不认其景行，数年之后，恶迹始彰，虽加刑戮，百姓已受其弊"。所以他极其重视对都督、刺史这些地方官员的任用条件，他深知那些直接管理百姓的地方官员的好坏优劣直接影响着国家的长治久安。他还把各地都督、刺史的姓名写在自己住的宫殿屏风上，朝夕略览，随时记录官员的行事准则以备赏罚。

凡属才能出众, 功绩卓越者, 就能破格提拔, 委以重用, 给予奖励; 凡属有危害百姓行为, 一经发现就坚决严惩不贷。李世民对地方官员的择用原则和方法的目的是加强中央专制主义集权政治, 巩固唐朝的政治统治, 保持了社会的稳定与和谐。同时对减轻人民的负担, 促进社会生产力的发展也起到了积极的作用。

其次, 唐太宗能够兼听众议, 善于纳谏, 大臣敢于犯颜直谏, 形成了封建社会少有的良好政治氛围。封建社会皇帝权力至高无上, 皇帝行为的优与劣直接影响着国家走向, 唐太宗认为自己对天下事务并不是无所不知, 无所不能, 他认为隋朝过分集权, 各种决策往往由皇帝一人决断, 这种政策形成过程中容易出现许多弊端。于是, 唐太宗

与大臣们交流讨论如何能让政策制定过
程中尽量避免个人专断的行为，经过各个
大臣研究讨论以及李世民的长期思虑，
最后认为政令的产生一定要充分发挥臣
下的主动和集思广益的精神。他说："以
天下之广，四海之众，千端万绪，须合变
通，皆委百司商量。宰相筹划，于事稳便，
方可奏行。岂得以一日万机，独断一人之
虑也。且日断十事，五条不中。中者信善，
其如不中者何？以日
继月，及至累年，乖
谬既多，不亡何待。"
他为防止偏见和独
断专行，接受大臣魏
徵"兼听则明，偏听
则暗"的建议，魏徵
引用隋末的事例说，
"隋炀帝偏听近臣
虞世基，而虞世基处
处蒙蔽他，隐匿农民

军攻城略地的情况，以致国破家亡，君臣俱死。唐太宗很赞成魏徵的见解，因而为了避免亡国杀身之祸，他经常鼓励群臣犯颜谏上，并经常接受直谏以改正自己的过失，从不喜欢独断专行。例如有一次，唐太宗要修建洛阳乾元殿，给事中张玄素上书谏止，言辞十分尖锐，认为现在国力不及隋朝，如果劳民伤财大兴土木，恐怕连隋炀帝都不如。面对张玄素把他比作隋炀帝的情况，唐太宗不仅不生气，

反而采纳了张玄素的意见，下令停止了这
项工程，并嘉奖张玄素敢言，赐给绢五百
匹。有这样的纳谏之君，就有这样的敢
谏之臣，这方面魏徵尤为突出，先后进谏
"二百余事"。由于唐太宗善于纳谏，因
而能及时纠正一些错误，保持了政治清
明。唐太宗这种愿意倾听臣下意见，善于
发挥臣下作用和慎于理政的作风，在封
建社会中是极其罕见的，对群臣也产生了
极大的影响。当时在朝中辅政的大臣和
地方官吏，大都比较廉洁自律，也比较有
作为，这对巩固唐朝的封建统治，对当时
的社会稳定以及促进社会经济的发展起

到了重要作用。

　　第三，唐太宗不因循守旧，对于隋制有因有革，大胆取舍，进行改革。唐太宗即位后，继续推行均田制和租庸调制，为了调动劳动人民的生产积极性，恢复发展生产力，对以前的制度进行调整和改革。如租庸调制规定，每丁每年交纳粟二石，绢二丈，棉三两，服徭役二十天，租税赋役都比隋朝大为减轻，尤其在以庸代役方面，隋朝规定50岁以上的人能以庸代役，而唐不再规定年龄限制，从而把以庸

代役的办法加以推广和制度化，使农民有了更多的时间从事农业生产。由于均田制和租庸调制的颁布和实施，极大地稳定了民心，激发了广大农民对农业生产的积极性，流散人口逐渐归乡种田，从事生产，荒芜的土地重新被开垦。这些措施不仅显示了唐太宗重视农业的发展，客观上也为社会增添了大量劳动力，对农业生产的迅速发展起了重要作用。因此，在他的统治下，社会经济发展较快，粮食产量大增，粮价稳定，这就为社会其他方面的恢复和发展奠定了坚实的物质基础。唐太宗李世民能够听取群臣的意见和建议，充分发挥群臣集体智慧的力量，促使社会逐渐朝着盛世的趋势发展。

三、贞观治世

(一) 休养生息

唐太宗认为民为邦本、农为政本，决定实施休养生息的重农政策。

唐太宗政治思想的形成和统治政策的确立，深受隋朝覆亡的影响，所以他经常与群臣讨论历代王朝的盛衰成败和治国的方针政策，并从中吸取历史经验。唐太宗对隋王朝覆亡的教训尤为重视，从前代兴亡历史中看到人民群众的力量，常常引用《荀子·王制篇》的一句名言："君者，舟也；庶人者，水也；水则载舟，水则覆舟。"他用这句话来反复警示自己，告诫子孙，并从中总结出一条重要的统治经验，就是："为君之道，必须先存百姓。"

1.繁衍人口

为了恢复社会生产，唐太宗规劝农民务实农业、发展生产。为了保证百姓的基本生活，就必须提倡农民务农，为此，唐太宗采取了一系列积极有效的劝农措施：贞观初年，人口稀少，很多土地荒芜，没有足够的劳动力去耕种。为了繁殖人口，增加劳力，唐太宗一方面招徕、赎买被外族掠夺的人口，招抚流亡的百姓回到家中务农；另一方面释放宫女和解放奴婢，鼓励民间及时婚嫁。这样，人口逐渐地增加，为经济的复苏打下了良好的基础。

唐太宗李世民即位之初，全国上下经

济萧条，国库也很空虚。到了贞观二年，李世民为了减少宫廷开支，接受了中书舍人李百药的建议，一次放出宫女三千人，让她们出宫嫁人。从而在中国历史上留下了"怨女三千出后宫"的贞观传奇，这是"贞观之治"著名的故事。

　　贞观元年 (627年) 二月，唐太宗发布诏令，男的满20岁、女的满15岁没有结婚的，由州县的官府负责帮助他们成婚。那时候结婚是要有聘礼的，有的人没有钱结婚，官府就要命令亲戚资助，亲戚也没有钱的，由当地的富贵人家资助完婚。这一措施的目的在于帮助农民组建家庭，繁殖人口，以便发展一家一户的小农生产。

　　2.不违农时，轻徭薄赋

　　封建社会统治的基础在于小农经济。农业生产能否正常

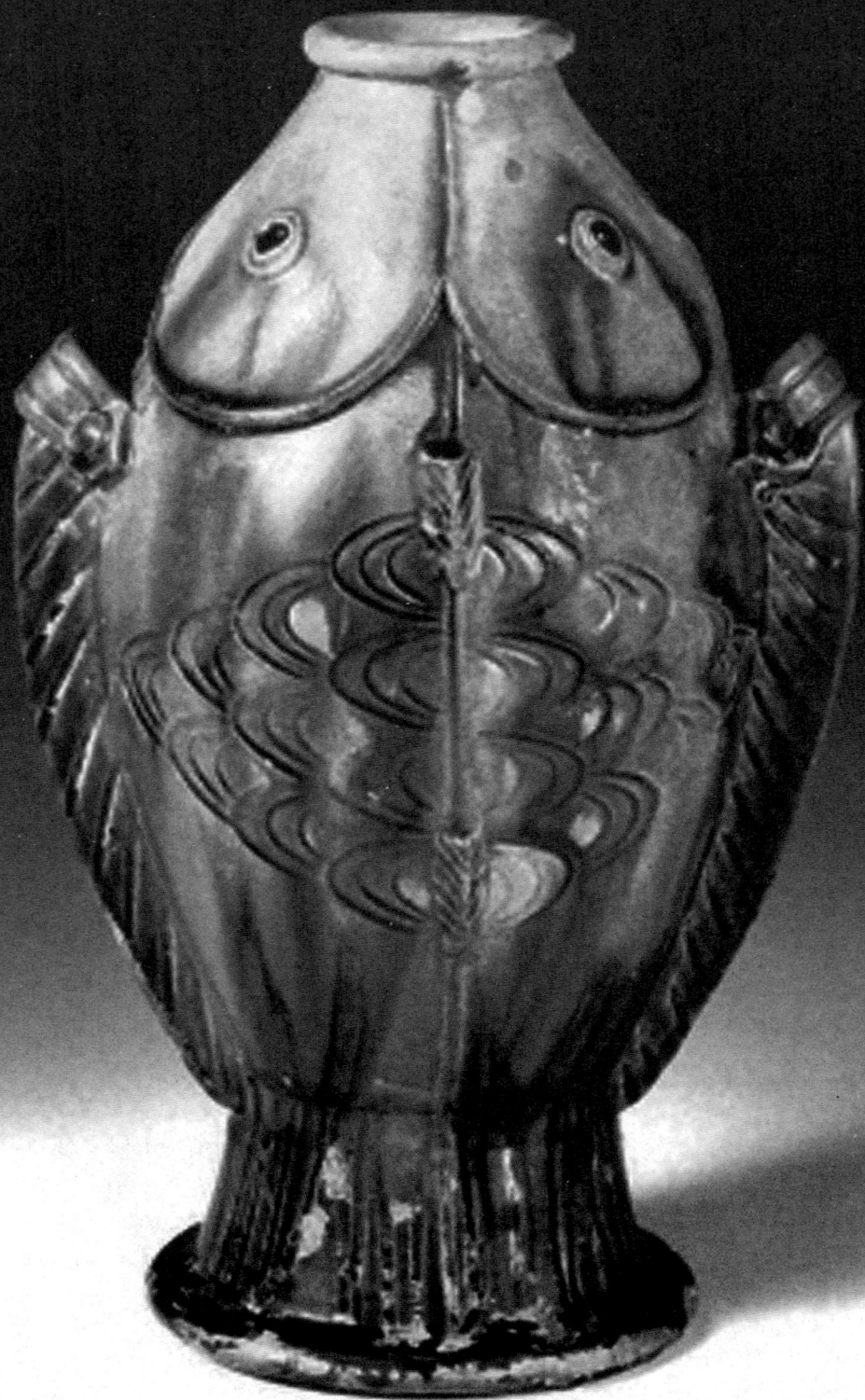

进行，是国家能否富强的关键。农民安定了，国家才能安定下来；农民生活有保障了，国家政权才能巩固；农业发展了，国家才会富强起来。

唐太宗不夺农时，该是农民种田、耕地、收割的时候，绝不耽误农民务农的宝贵时间。每遇四方的使者回朝，唐太宗一定要先问问农田里的谷物长得好不好，关心百姓的疾苦。

贞观二年，京师一带蝗虫大起，唐太宗入禁苑察看庄稼，见到蝗虫，抓了几只说："民以谷为命，而汝食之，宁食吾之肺肠。"举手欲将蝗虫吞下，左右进谏说："恶物恐成疾。"唐太宗说："朕为民受灾，何疾之避！"遂将数只蝗虫吞下去。贞观三年正月，恢复废弃已达数百年之久

的藉（耤）田仪式。在春耕前由天子亲执耒耜，在藉田上施行三推一拨的藉礼，通过这一仪式，倡导举国上下尽力农耕。

贞观五年，曾经发生过举行礼仪与农时冲突的事件。当时礼部官员根据阴阳家选择吉日的建议说："皇太子即将举行戴冠仪式，二月份是最好的、最吉祥的时间。"可是二月份正值春耕大忙的季节，农民们都忙着耕地、撒种。唐太宗考虑到这一点，宁愿省去繁琐的礼仪，也不违背农时，于是将太子戴冠仪式延迟到秋收之后的十月。可见唐太宗对不失农时的重视。

繁重的徭役和租赋是封建社会农民最沉重的负担，这不仅摧残社会生产而且加

深了阶级矛盾。唐朝
政权建立以后，唐太
宗说："竭泽而渔，
非不得鱼，明年无
鱼；焚林而兽，非不
得兽，明年无兽。"他
把极度剥削人民比喻
为：吃自己的肉，肉吃没了，自己也就没命
了。因此，唐太宗采取了一些安民措施，
让农民休养生息，对经济的繁荣起到了
积极的作用。隋朝的时候政策苛刻，统治
者横征暴敛、骄奢淫逸，最终亡国了，这
些教训一直深深地提醒着唐太宗，使得
唐太宗懂得轻徭薄赋的重要性。

　　此外，唐太宗还完善并发展北魏以
来的均田制。均田制满足农民的土地要
求，人人有田，这就提高了农民的生产积
极性，促进了农业生产的迅速恢复和发
展。

　　3.去奢省费

唐太宗十分强调节俭。贞观初年,他身体力行,尽量克制欲望,采取了一系列厉行节约、限制奢侈的措施。例如,停止进贡珍奇宝物,限制营造宫室,破除了厚葬的陈规旧俗,规定葬制一律从简。在他的影响下,当时有许多臣子都崇尚简约的生活作风,贞观初年出现了一批崇尚节俭的大臣,如戴胄、魏徵、温彦博等人。

唐太宗真是堪称节俭的好皇帝。他要求葬制节俭,首先对自己的陵寝做出了安排,并且亲自制定了陵寝的规格。唐太宗要求自己的陵墓只要建造在山上就行,陵墓的大小也仅仅能容纳棺材就可以。他这么做就是为了避免自己死后,子孙们大肆地浪费财物为他操持后事,劳民伤财。贞观二年八月,群臣再三建议营建一座高大的台阁,以改善唐太宗的居住条件,但是,唐太宗坚决不允许,这为农民减轻了很大的负担。贞观六年,他想营造一座宫殿,材

料都准备好了, 但是一想到秦亡的教训, 就不再兴建了。还有一次, 工部尚书段纶带一名巧匠杨思齐进宫, 想制造傀儡戏 (木偶戏) 道具, 用来讨好唐太宗, 可是没想到唐太宗不仅没有给他奖赏, 反而训斥了他一顿, 并且罢免了段纶的官爵。

贞观七年的时候, 戴胄去世了。戴胄是非常有名的大臣, 他生前是户部尚书, 户部尚书掌管着国家的经济命脉, 所有的赋税、土地、人口等都归他管。可即使是这样, 戴胄的家里也非常穷。他临死的时候要在家里举行一个吊唁仪式, 要摆个灵堂, 但是由于家里没有正堂, 房子不够大、不够用, 就没有办法举行吊唁仪式。李世民知道后不禁感叹道: 我的大臣家里太穷了! 于是下令, 国家出资临时给戴胄建造了一个庙宇, 这样, 才举行了吊唁仪式。

还有很多地方官也是这样，工部尚书李大亮是一个鲜明的例子。古代的时候，去世的人嘴里面要含一块玉，但是李大亮去世的时候家里却连一块玉也没有，只有几袋米、几丈布。皇帝亲自出席了葬礼，看到李大亮家里如此清贫，也不禁流下了眼泪。其实，李大亮位高权重，他有很多机会可以为自己置备富足的家业。李大亮是军人出身，打过很多仗，贞观九年的时候，他奉命去打吐谷浑，立下了很大的功劳，皇帝赏赐给他很多财物，但是李大亮把这些赏赐品都分发给部下、亲戚、朋友了，自己却所剩无几。李大亮还做了很多好事，在战争中有很多无人认领的尸体，他就自己出钱把他

们掩埋了。他还像养活自己家的孩
子一样养活别人家的孩子，其
中有名有姓的就有十五人，
其他不知姓名的就更不
计其数了。在贞观年间社
会政治清明的大气候影响
之下，这些官员都能恪尽职
守，他们这么做也正是体现了贞
观精神。

（二）善用人才

1.渴求人才

唐太宗非常渴求人才。他深知，人
才是事业的根本，选拔和使用人才，历来
是兴邦建国的大事，对此，唐太宗特别重
视。他以封建政治家少有的胸怀和气魄，
将各类有用的人才收拢到自己身边，形
成了一支实力雄厚的人才群体，对唐代政
治经济的发展都起到了重要作用。唐太

宗求贤若渴，他认为人才到处有，贤能的人世世代代都存在，不是没人才，而是缺少发现人才的眼睛。为了得到人才，他时时关心，处处留意，悉心考察。

武德年间，唐太宗还是秦王的时候，他收留了刘武周手下一员大将尉迟敬德。过了不久，敬德手下的两个将领叛逃了，有人便开始猜测尉迟敬德也一定会叛逃，于是，没经过请示就将他囚禁起来，并劝秦王李世民赶快杀掉他。可李世民却说："敬德有心叛变的话，难道会落在他人之后吗？"不但没有杀尉迟敬德，反而把他放了，并且将他招入自己的卧室，安慰他说："大丈夫以意气相许，请你不要把这点小小的误会放在心上，我是决不会因为旁人的几句闲话而加害良

士的。"临分别的时候还赠送给尉迟敬德很多金银，尉迟敬德被李世民的赤诚相见深深地感动了，发誓要"以身图报"。后来尉迟敬德在历次战斗中出生入死，屡建奇功，为李唐王朝打天下，为秦王夺位立下了汗马功劳。

贞观五年 (631年)，唐太宗发动官员们议论朝政，一个名叫何竟的官员提出了二十多条独到的建议。这个何竟平时不善于舞文弄墨，唐太宗没有想到何竟竟然这样有文采、有见地，大大地夸奖了何竟，说他是深藏不露。何竟很惭愧地告诉唐太宗，说自己的上书是一位访客马周代拟的。唐太宗一听，非常高兴，立即引见了马周。两个人一见如故，探讨了很多政治措施。后来马周做了官，为唐朝的兴旺昌盛出了不少力，成了有名的"布

衣宰相"。

2.知人善任

唐太宗善于了解人才的特点，能够做到人尽其才。他主张用人要取长避短，正确对待人才能力的差异。唐太宗深知金无足赤，人无完人，每个人都有自己的长处，也都有不足之处，在使用时要尽量发挥人才的长处，避开短处。

在贞观年间，辅佐唐太宗的文臣武将都能充分发挥自己的长处，竭尽全力为大唐王朝效忠。唐太宗评论长孙无忌善于躲避嫌疑，待人接物聪明敏捷，处理事务无人能及，但领兵打仗不是他的长处；高士廉博古通今，处理事务清明通达，遇到危难不变气节，在朝做官不搞宗派，但所缺乏的是正直进谏；岑

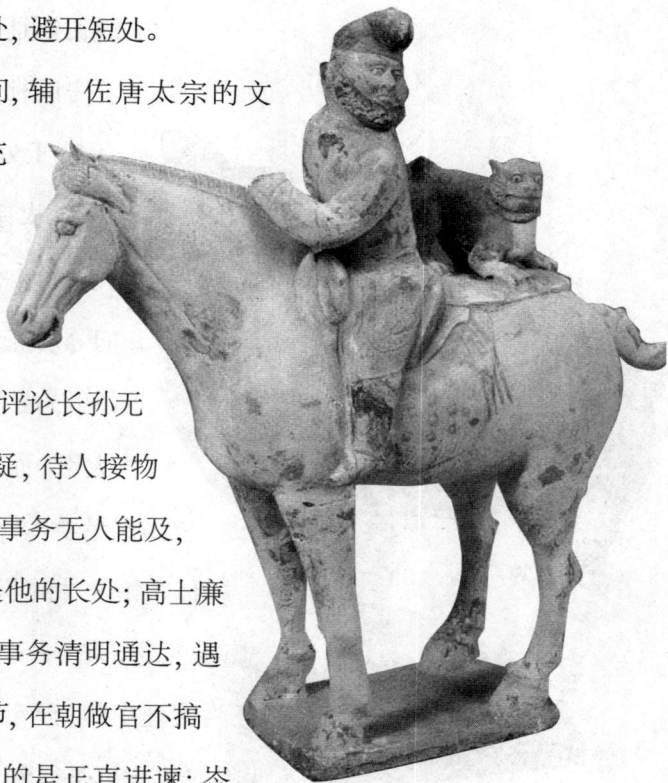

文本性情敦厚，文章辞藻华丽，且内容丰富，但是有的时候脱离实际。马周遇事果断，性格忠实正直，评论衡量别人，能秉公直言。当时，这些大臣都认为皇帝的评价非常中肯，符合他们的实际。

贞观初年，唐太宗非常信任房玄龄和杜如晦，让他们共同掌管朝政。他们的长处是多谋善断，史称"房谋杜断"，而短处是不善于处理繁杂琐碎的事务。太宗扬长避短，充分发挥相才，贞观三年，他们分别擢升为尚书省左右仆射，成为皇帝的重要辅佐大臣。而对于戴胄呢，短处是"无学术"，唐太宗不让他担任学馆儒林的职务，但是基于他忠诚、正直、秉公办事的长处，一度被任为大理少卿。至于李靖、李勣两员武将的才能更是得到了良好的发挥，

唐太宗长期让他们握有重兵, 驻守边关, 为唐朝政权的巩固立下了特殊的功勋。唐太宗评价说, 李靖、李勣两人, 古代的名将韩信、白起、卫青、霍去病都比不上他们。在贞观年间, 唐太宗对各种人才都能量才而用, 使大批的文臣武将能充分展示自己的智慧才华。由于唐太宗的"知人善任", 贞观时期人才济济, 这些猛将谋臣为李唐王朝发挥了自己的聪明才智, 这与"贞观之治"是密切相关的。

3.君臣坦诚

唐太宗能良好地处理君臣关系。他提倡君臣之间坦诚相待, 不要互相猜忌。唐太宗深知, 一个人的能力是有限的, 思考问题难以面面俱到, 作为君主必须尽可能地集思广益, 虚心听取各方面的意见。所以, 治理国家, 巩固封建

政权，不能只靠皇帝一人，而要靠上至王公大臣，下至地方官吏的尽心尽职，全力为朝廷服务。要使天下得到良好的治理，君臣两个积极因素缺一不可。事实上，唐太宗对大臣们是非常信任和器重的。唐太宗曾对侍臣说："我身为帝王，身系天下安危，但是要做一个好皇帝，我还得依靠各位臣卿，所以我们要同心协力把国家治理好。事情如果有什么不妥的地方，只管说出来，不要隐瞒。如果我们君臣之间互相怀疑，不能把心里话都说出来，实在是国家的大害啊！"纵观贞观二十多年中，唐太宗与臣属们关系密切、和谐、融洽。特别在前期，能直接鼓励大臣当面指出他的过失，并能知错则改，这种态度大大减少了唐太宗决策的失误。唐初政治清明，社会安定，百姓安居乐业。

比如说贞观二年，唐太宗和臣

僚们以儒家思想为指导，对重大社会问题进行了广泛的讨论。在讨论中，唐太宗让臣僚们各抒己见，互相磋商，大家都以平等的身份进行论辩，不以势压人，而是以理服人。整个讨论，气氛相当宽松。最后，再依据多数人的意见来决策国家大事。这种活跃的政治局面在中国封建社会史上，是十分罕见的，史称"贞观君臣论政"。这次政治大讨论，为"贞观之治"的开始奠定了基础。此后，君臣之间这种共同切磋的情况更多，"君臣论政"成为贞观时期一种良好的政治风气。

（三）虚怀纳谏

1.从谏如流

从古到今，一提李世民，大家就能想到一个词——纳谏。唐

太宗李世民可以说是从谏如流，他不是唯我独尊地发号施令，也不是目空一切地独断专行，而是广泛地听取大臣的意见，虚心地接受有益的建议。大臣们对他也可以说是知无不言、言无不尽，积极进谏。进谏的内容涉及到方方面面，上到国家军事大事，下到君王一举一动，有的进谏甚至还涉及到李世民的私生活。那么进谏的结果是怎么样的呢？李世民多是言听计从、虚心接受。可是很多进谏之言非常逆耳，连一般人都很难接受，作为一个高高在上、掌握生杀大权的帝王，李世民是怎样接受这些谏言的呢？

大臣们又为什么敢于向皇帝进谏呢？那是因为唐太宗深知纳谏的重要性。贞观二年，他问魏徵何谓明君、暗君？魏徵说："兼听则明，偏听则暗。"对此，唐太宗深表赞同。群臣的犯颜直谏，形成了贞观时期的良好政治风气，在封建社会实属罕见。

历史的教训让唐太宗明白了纳谏的重要性。唐太宗生于隋文帝末年的太平之世，却长于隋炀帝在位的动乱之时。他目睹了盛极一时的隋王朝土崩瓦解，隋王朝的惨剧在唐太宗的记忆中久久挥之不去。隋炀帝独断横行，犯了过错也从不理会，所以才导致了国家的灭亡。隋朝灭亡的历史教训时时刻刻警示着唐太宗和他的臣子。

贞观四年（630年）六月，李世民为了巡狩的方便，下诏令征发人力修复洛阳的乾元殿，一

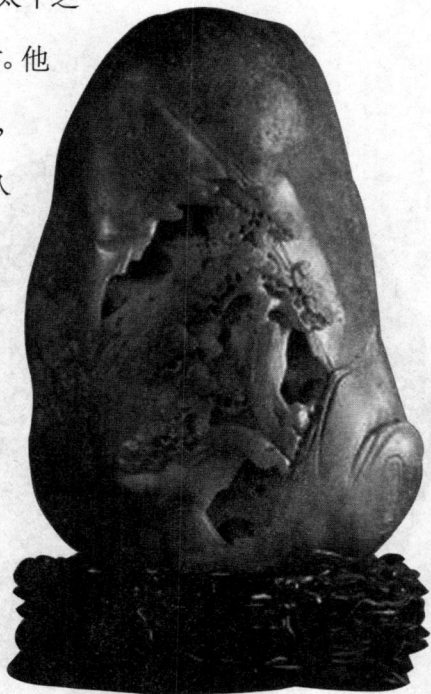

个名叫张玄素的大臣上书劝谏。张玄素说："修复乾元殿并不是当下最重要的事情，陛下您还有很多更重要的事情要去做。隋炀帝就修了很多的宫殿，还修长城、修运河，可是最后呢，隋朝灭亡了，这些宫殿又有什么用呢？所以陛下应该珍惜民力，注意节俭，少做这样的事情。"

这一席话言词尖锐，让一向善于纳谏的唐太宗也产生了抵触的情绪，问张玄素说："你认为我连隋炀帝都不如，那么我跟夏桀、商纣比呢？"张玄素坚持说："如果陛下还是坚持要修乾元殿的话，国家一定会出现祸乱。"

这句话打动了李世民，他反而笑了。不仅收回了修宫殿的命令，还赏赐了张玄素。

唐太宗虽然是一代圣

君，不过也有犯错的时候，但是在群臣的劝导之下，他往往能比较坦率地承认过失，改正过错。唐太宗从谏如流，对确属自己的过失或者可以不做的事情，常能采纳臣下的谏诤。

贞观八年的时候，长孙皇后的身体越来越不好了，她想替皇帝选一个夫人来接替自己，就是郑仁基的女儿，这个女子年轻貌美、芳华绝代，而且郑家又是北方的士族，家里家教严格，门风优良。诏书已经写好了，就差派一个使者去发布诏令。就在这个时候，魏徵听说郑仁基的女儿已经与别人订婚了，于是赶快进谏给唐太宗说："陛下身为天下人的父母，应当抚爱百姓，以天下人的忧虑为自己的忧虑，以天下人的欢乐为自己的欢乐。""郑仁基的女儿在很久之前就已经许配给别人了，现在陛下不管不问就把她纳入宫中，这

跟抢婚有什么分别呢？如果这种事情传了
出去被天下人知道了，陛下还怎么完成作
为天下人父母的大义呢？"

唐太宗看了谏言，非常震惊，不知道
还有这样的事情，于是亲自写诏书答复魏
徵，深深地责备自己，并停止派遣册封的

使者去发布先前的诏令，下令将郑仁基的女儿送还给她的未婚夫。

唐太宗很有自知之明。其实，纳谏是很不容易的，存在着很大的难度。就说我们平常人，如果别人总给自己提意见、总挑自己的毛病，也会让我们心里很不舒服，会觉得损害了尊严，丢了面子。接受别人的建议是一件很难的事情，作为平常人都难以做到这点，更何况是一个拥有着至高无上的权力的帝王呢？但是，唐太宗就能做到虚心接受。作为一个封建帝王，唐太宗并没有把自己神化，他也不主张别人把他神化。唐太宗容貌非常威严，百官觐见时，看到他不怒自威的龙颜，就已经很慌张了，时常害怕得不知所措，更别说提什么意见了。唐太宗感到这样有碍于人家进谏，所

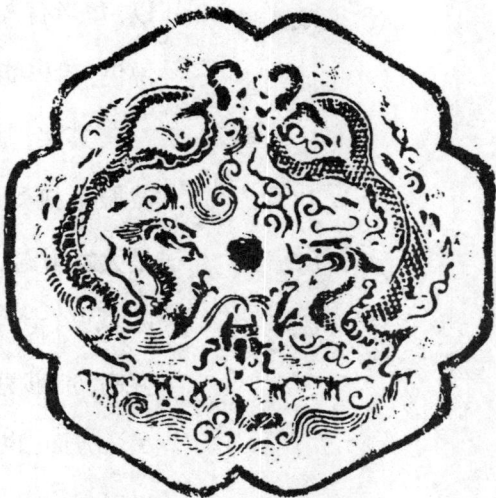

以，每当有人上奏时，他总是表现得和颜悦色，希望能够得到批评的意见。

其实，唐太宗也并不能随时都心悦诚服地接受所有的意见，有的时候他也是大发雷霆，但是，最终他都能接受正确的意见。一方面，是由于唐太宗自己的悟性高，能够克服人性的弱点，理性执政；另一方面，也是因为他的身边有一些忠心耿耿地辅佐他的人，有魏徵、房玄龄、杜如晦、戴胄、王珪等人，此外，还包括他的发妻长孙皇后。

2.唐太宗与魏徵

谈到"贞观之治"，人们首先称道的是唐太宗的文治武功，其次为人们所津津乐道的是魏徵进谏。魏徵在职期间先后向唐太宗进谏二百余事，唐太宗和魏徵共同缔造了"贞观之治"，二

人的君臣配合也堪称我国政治史上的绝
唱。

魏徵 (580－643) 字玄成, 巨鹿 (今属
河北) 人, 从小双亲皆故, 家境贫寒, 但
喜爱读书, 不理家业, 曾出家当过道士。
隋大业末年, 魏徵被隋武阳郡 (治所在今
河北大名东北) 丞元宝藏任为书记。元宝
藏举郡归降李密后, 他又被李密任为元
帅府文学参军, 专掌文书卷宗。

魏徵原先是农民起义军瓦岗军的
一个小官。由于官职太小, 所以政治抱
负一直没有得到施展。后来瓦岗军全
军覆没了, 他又几经周转, 归顺了唐朝,
到太子李建成的东宫任职。

魏徵看到秦王李世民功高气
傲, 知道他是太子将来继承
帝业的最大威胁。他好几次
劝说太子杀掉李世民, 可是
太子就是不听。后来秦王李
世民发动了"玄武门之变",

射杀了太子和齐王。

李建成被杀之后,李世民就召见了魏徵。周围的人都为魏徵担心,而他自己却很坦然。李世民一见到魏徵就声色俱厉地斥责说:"你为什么离间我们兄弟之间的感情?"魏徵不但不承认错误,反而平静地说道:"李建成如果早听我的话,他早就做了皇帝了。我们作为臣子的各为其主,我有什么过错呢?"李世民听到这些话没有生气,反而笑了。他早就听说过魏徵很有才干,如今见他又是如此的坦率,就消了气,不仅很有礼貌地接待了魏徵,还对他委以重任。

唐太宗一开始让魏徵在东宫做了一个小官,很快魏徵就晋升为五品谏议大夫,负责给皇帝提意见。后来魏徵又很快成了秘书监,管理图书、文献的资料,从此唐朝的宫廷藏书在魏徵的管理之下丰富起来,魏徵做秘

书监的时候也参议朝政。到了贞观七年，他就当了门下省的长官，负责审核皇帝的命令。就这样，魏徵一直到死都负责进谏的工作，他的职责就是给皇帝提意见，他忠于职守，常常冒死进谏。他提的意见总是有利于唐朝的统治，这让唐太宗对魏徵是又害怕又尊敬，以至于唐太宗有时候想干点什么，但是考虑到魏徵可能进谏劝阻，就放手不干了。

魏徵对国家尽职尽责，一心一意地为国家效力，从长远的角度为国家的发展出谋划策。贞观元年，国家兵源不够。于是封德彝向唐太宗提议，可以降低参军的年龄限制，年满18岁的人就可以点兵，皇帝同意了这项建议。

可是这件事情受到了其他大臣的反对，唐太宗便召开了会议，让群臣讨论这件事情，群臣们各抒己见。魏徵提出了反对意见，只说了一句话，就说服了唐太宗——"竭泽而渔，非不得鱼，明年无鱼"。把池子里的水都放干了，不是打不到鱼，而是大的小的鱼都被打了上来，明年就打不到鱼了。一句话切中了要害，表明了不能过分浪费民力，要从国家长远的利益出发，眼光要长远。

魏徵直言进谏，总是能从客观的角度出发，谏言直接有力。贞观十二年，唐太宗的一个儿子越王泰向唐太宗反映有些大臣对自己不敬，唐太宗非常生气，召见了所有大臣，对他们说："我的儿子不是天子的儿子吗？你们现在不尊敬他，如果我对他放任不管的话，他想收拾你们还不简单吗？"大臣们听了这些话立即拜倒在地承认错误，只有魏徵脸色很严肃，对皇帝说："臣认为，当朝的官员绝对没有人敢轻视越王。以儒家思想的观点来说，大臣与亲王是同等地位的，大臣是为国家来做事的，即使大臣有什么地方做得不对，也不容许亲王来侮辱他们，隋朝的亲王横行霸道，最终是什么样的下场呢？我们现在是在有道明君的带领下，怎么会出现隋朝那样的事情呢？"唐太宗一听转怒为喜，说道："我刚才很生气，因为我觉得自己说得有道理，但是现在听了魏徵的话，觉得还是魏徵更有道理啊！"于是改

定规则，三品以上的大臣见了亲王不必下车行礼。

还有一次，蜀王妃的父亲杨誉犯了错误，被有关部门抓了起来。杨誉的儿子向皇帝禀报，说自己的父亲被抓了起来是不合法的。唐太宗非常生气，要处分抓杨誉的人。魏徵进谏说："自古以来，皇亲国戚都是非常难管理的，他们因为自己与皇帝是亲戚才胆大妄为。如果陛下现在放纵自己的亲戚胡作非为，这样下去的话，国家将难以治理。从古到今，这种事

情只有陛下能够处理，这种人也只有陛下您能够管理。"唐太宗听了觉得非常有道理。

唐太宗离不开魏徵。贞观八年，皇帝派黜陟使到地方去了解官场的情况。黜陟使的权力很大，如果发现地方官员的工作干得好，就可以直接提升他；如果地方官员做得不好，就就地免官。所有地方的黜陟使都已经选好了，只有长安地区的黜陟使没有选好。左仆射李靖也觉得由

于长安地区贵族、高官、皇亲国戚多，黜
陟使的工作不好做，所以应该派一个得
力的人物去，这个人非魏徵莫属。可是唐
太宗却勃然大怒道："你们不知道我要到
九成宫去吗？这也不是小事情，你现在却
要把魏徵派走。我每次出去魏徵都在我
的身边，只有魏徵能指正我的错误，你们
谁能做到这点？"最后，唐太宗派了李靖
去做长安黜陟使，把魏徵留在了自己的身
边。可见魏徵对于皇帝是非常重要的，唐
太宗离不开魏徵，有魏徵在，唐太宗才能
放心。

贞观十七年正月，魏徵的身体越来
越不佳，皇帝亲自去看望。第二次去的
时候，魏徵已经病得很严重，连
朝服都穿不上了，唐太宗握着
魏徵的手失声痛哭。魏徵逝世
后，唐太宗亲自去魏徵家吊唁，
哭得非常伤心，并下旨：停止上
朝五天；朝中文武百官和各地

在京城的官员都去参加葬礼。葬礼那天，唐太宗站在宫中的西楼上，望着给魏徵送葬的队伍，哭得很是悲伤。

魏徵死后，唐太宗对他思念不已。说出了这样一番话："以铜为镜，可以整理衣服帽子；以史为镜，可以看到历代兴亡交替的原因；以人为镜，可以知道自己的得与失。现在魏徵死了，从此，我最明亮的一面镜子没有了。"

3.唐太宗与长孙皇后

"贞观之治"盛极一时，唐太宗除了依靠他手下的一大批谋臣武将以外，也与他贤淑温良的妻子长孙皇后的辅佐是分不开的。长孙皇后是大唐盛世中的一位能够母仪天下的皇后。

长孙皇后出身于世代显赫的鲜卑贵族门第，自幼受过良好的教育，知书达理、聪明贤惠、生性节俭，是一个有见解、识大体、宽厚仁慈的女性。她13岁

嫁给了李世民，李世民升储登基以后，被立为皇后，母仪天下。她以自己的贤德和才干辅助唐太宗成就了一番伟大的事业，为开创"贞观之治"的大好局面作出了不可磨灭的贡献。

长孙皇后帮助唐太宗将后宫事宜治理得井井有条，是唐太宗的贤内助。长孙皇后是一位非常慈爱的女性，豫章公主早年丧母，长孙皇后就把她收养为自己的孩子，视如己出。其他的嫔妃生病了，她总是能亲自探视抚慰，还把自己的药膳带去让病人服用。唐太宗有时候会因为不顺心而迁怒于宫女，每当这时，长孙皇后总是假装大怒，请求自己来审问此事，让人把宫女囚禁起来，等到唐太宗息怒以后，再慢慢地为宫女开脱申辩，因此后宫里没有发生过一件冤案。人们都很拥戴她。

长乐公主是长孙皇后的亲生女儿，唐太宗非常偏爱她，可谓从小养尊处优。长乐公主出嫁之时，唐太宗特意为她准备了丰厚的嫁妆，所配嫁妆要比永嘉公主加倍，但是按照规矩这种做法是不合礼仪的。魏徵听说了此事，极力劝阻。唐太宗心里很不高兴，并把这件事情告诉了长孙皇后。可是没想到长孙皇后听完了不仅没有怨恨魏徵，反而赞叹道："我常常听陛下说魏徵是个忠臣，今天听了这件事情才真的明白魏徵是国家的栋梁之才啊！"还亲自派人送钱送绢给魏徵作为赏赐。

长孙皇后还非常有政治见解。唐太宗经常与她讨论国家大事，听取她的意见。每当唐太宗不肯纳谏时，长孙皇后总是不厌其烦地通过各种方式对他进行规劝。有一次，魏徵在朝上对皇帝进谏，言词尖刻，让唐太宗非常生气。

回到宫中后，唐太宗对长孙皇后说："魏徵那个乡巴佬，我早晚要杀掉他。"长孙皇后问明了原委，立刻回自己的寝宫换上了朝服，来到了唐太宗面前，向他表示祝贺。正当唐太宗感到非常诧异之时，长孙皇后严肃地说："古人有句话说得好：有英明的君主，就有正直的臣子。现在朝廷中有魏徵这样的正直之臣，不正是说明陛下是英明的君主吗？我怎么能不祝贺陛下呢？"唐太宗听后立即明白了这个道理，转怒为喜。第二天上朝还特意向魏徵道了歉。

长孙皇后对自己的定位非常清楚，她就是要辅佐唐太宗把后宫治理好、把天下治理好。也正是因为长孙皇后的所作所为端正有道，唐太宗才对她更加信赖，回到后宫，常与她谈起一些军国大事及赏罚细节。长孙皇后虽然是一个很有见地的女人，但

她不愿以自己特殊的身份干预国家大事，她有自己的一套处事原则，认为男女有别，应各司其职，所以对于国家大事，很少干涉。她最令人称道的地方就是主动帮助唐太宗防范外戚干政。长孙皇后的哥哥长孙无忌是皇帝的好朋友，贞观二年的时候，唐太宗要升他为宰相，长孙皇后极力反对，并以汉朝吕氏、霍氏的外戚专权乱政的历史事实提醒唐太宗，但是唐太宗没有听，还是让长孙无忌做了宰相。一年以后，有人向皇帝报告说长孙无忌揽权，皇后听说了这件事情，立即去找自己的哥哥，要求他自动请求辞职。就这样，皇后在世的

时候，长孙无忌一直都没有掌握实权。

贞观八年，长孙皇后随唐太宗巡幸九成宫，在回来的路上受了风寒，又引动了旧日痼疾，病情日渐加重。太子承乾请求大赦囚徒并将他们送入道观来为母后祈福祛疾，群臣感念皇后盛德都随声附和，就连耿直的魏徵也没有提出异议；但长孙皇后自己坚决反对，她说："死生有命，富贵在天，非人力所能左右。若修

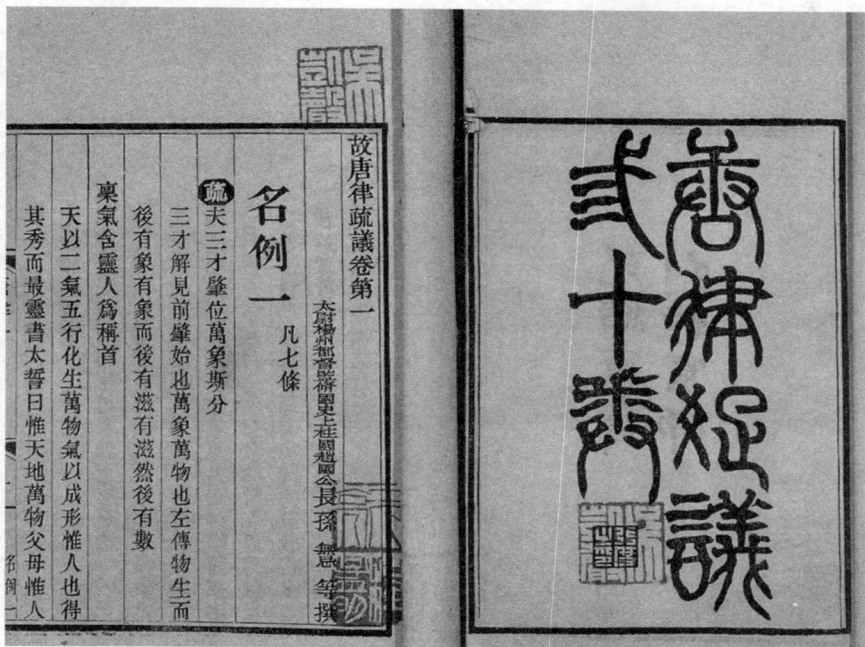

福可以延寿，吾向来不做恶事；若行善无效，那么求福何用？赦免囚徒是国家大事，道观也是清静之地，不必因为我而搅扰，何必因我一妇人，而乱天下之法度！"她深明大义，终生不为自己而影响国事，众人听了都感动落泪。唐太宗也只好依照她的意思而作罢。

长孙皇后临终之时，还念念不忘朝政，她对唐太宗说："我死了之后请陛下

不要浪费国家的财力为我建造陵墓，只要依山为坟，用瓦木做棺材就可以了；房玄龄侍奉陛下很久了，如果不是犯下了太大的罪过，最好不要轻易不用他；我的家人，因为我才得到了尊贵的地位，希望陛下不要把他们放在重要的位置上，只要作为外戚定期朝见就够了。"几天后，长孙皇后去世，年仅36岁。唐太宗悲痛地说："宫中再也听不见皇后的规谏之言了。"唐太宗日夜思念长孙皇后，常常流泪，他还在宫里面建了一个高塔，用来瞭望长孙皇后的陵墓——昭陵。

(四) 改善隋制与司法建设

唐朝刚刚建立的时候，一切政权组织都是沿袭着隋朝的制度。唐太宗即位后，开始改革隋朝制度，尤其是政治制度的弊端，使中央专制政治得到了空前的发展。唐太宗对隋朝制度的继承并不是原封不动地照搬照抄，而是根据新的国情，对旧的制度做了许多重要的改变和完

善，其中在监察制度、整饬吏治、法律制度、军事制度等方面都有着很大的创新和突破，而最为突出的就是在政治上沿袭并改善了隋朝的三省六部制和科举制。

三省六部制是西汉以后长期发展形成的，中书省和尚书省是在两汉时期基本形成的。东汉废除中书省，只设尚书省，三国时恢复中书省。门下省是晋朝首先建立的，南北朝依然沿袭，晋朝时期三省制度基本建立起来，是中国封建社会的主要政治制度。三省在各个时期的历史作用和地位不同，封建社会末期实行封建专制，基本废除了三省制度。

贞观时的三省职权划分则初步体现
了现代化政治特征——分权原则。中书
省发布命令，门下省审查命令，尚书省执
行命令。一个政令的形成，先由诸宰相在
设于中书省的政事堂举行会议，形成决
议后报皇帝批准，再由中书省以皇帝名
义发布诏书。诏书发布之前，必须送门下
省审查，门下省认为不合适的，可以拒绝
"副署"。诏书缺少副署，依法即不能颁
布。只有门下省"副署"后的诏书才成为

国家正式法令，交由尚书省执行。这种政治运作方式很有点类似现代的"三权分立"制，西方在17世纪兴起的分权学说，李世民早在一千多年前就已运用于中国的政治体制，进一步说明了贞观时的文明程度之高。最为难能可贵的是，李世民规定自己的诏书也必须由门下省"副署"后才能生效，从而有效地防止了他在心血来潮和心情不好时做出有损他清誉的不慎重决定。

推翻隋朝的统治后，唐王朝的帝王

承袭了隋朝传下来的人才选拔制度,并做了进一步的完善。由此,科举制度逐渐完备起来。唐朝考试科目很多,常设科目主要有明经(经义)、进士、明法(法律)、明字(文字)、明算(算学)。科举制度在中国实行了整整一千三百年,不仅对中国,乃至对世界都产生了深远的影响。隋唐以后中国的社会结构、政治制度、教育、人文思想,莫不受科举的影响。

唐太宗还特别注意司法建设,认为落实法制是维系民心的工具,统治者要想取得令行禁止的效果,必须取信于民;而要做到这一点,用法必须先上后下,先贵后贱。而作为统治者必须保持清醒的理智,使自己的性情服从意志,服从法制,更要制约性情的自我膨胀,否则将会小人得志,忠贞之人受

到排挤，加速国家的灭亡。唐太宗在执法方面主张宽缓，他坚决反对像秦朝那样实行严酷刑罚，但同时又坚决主张明正典刑，反对徇私枉法。唐太宗非常注重以身作则，带头维护法律的权威。同时，为了维护法律的稳定，他除了强调出令要慎重，言出必行，不能轻易变更之外，还反对前朝经常赦免罪犯，虚图仁慈之名的做法。这种强调法律执行公正的作风，对唐朝贞观时期社会阶级矛盾以及社会各阶级和统治集团矛盾的缓和，对稳定唐朝社会秩序和促进经济发展都起到了积极作用。

（五）华夷一体

1."怀柔"政策

贞观年间也是中国历史上民族关系较好的时代。唐太宗为顺应历史潮流，调整

统治政策，始终以华夷一体的思想做指导，对民族问题做了恰当的安排和处理，促进了各民族的团结和统一，这为国家统一和经济发展创造了十分有利的条件。在唐代，各少数民族接受先进的汉族经济政治和文化的影响，社会经济都有了很大的发展，在此基础上，各民族之间文化的交流和民族融合的程度也进一步加深了。唐王朝当时之所以能够成为世界上最文明强盛的国家，也是与它接受和融合了各兄弟民族的文化分不开的。

其实，李氏家族就是民族融合的典型。唐太宗的祖母、母亲和皇后都是鲜卑人；李世民二十二个女儿中的六个嫁给了汉化的鲜卑人。在这样的家族影响下，李世民自然没有什么民族偏见。唐太宗曾经说过："夷人狄人也是人，他们的情感和我们没有什么不同。"贞观二十一年，平定了薛延陀部之后，回鹘各部族请求归附，唐太宗就说："自古以来，人们都认为我们中原人是优秀、尊贵的民族，而认为夷人狄人是卑贱的民族，朕却偏偏将所有民族都视为同等，所以这些少数民族都像依赖父母那样依附着我。"而在行动

上，他也确实是这样做的。有一次，贞观年间，有一个突厥的官吏，行至玄武门，吃饭的时候，留下了肉没吃，别人问他为什么不吃肉，他回答说："我想把肉带回去给我的母亲吃。"唐太宗听说了这件事情感叹道："这种仁义孝顺是人的天性啊，怎么会因为华夏民族和少数民族之别而有所不同呢！"于是他赏赐这个突厥人一匹马，并准备了更多的肉送给他，让他

回家孝敬自己的母亲。

　　唐太宗采取了比较正确的少数民族
政策，在军事征伐的同时，尽量采用了怀
柔政策，使少数民族安居乐业，共同开
拓边疆。唐太宗对待少数民族首先是
招抚，例如东北许多民族因为历史上
关系密切，唐初的时候就主动派
遣使者来到唐朝，向唐朝纳贡。
唐朝对这些使臣都给以优厚的
接待，例如奚、契丹、室韦、靺鞨
等。其次，采取和亲政策。贞观
十五年正月，唐太宗把文成公主
许配给吐蕃首领松赞干布。此
外，对于一些强大而有威胁的民
族也采取了区别对待的策略，争
取他们中的一部分力量，
而只对有敌对态度的才
采取军事征服的策略。
根据各民族地区
不同情况，灵活

地采取招抚、和亲或战争等各种不同的方式，唐代才建成了超过秦汉的多民族的强大王朝。

2.少数民族的优惠措施

唐太宗对各地少数民族礼法并用，实施了非常积极而且慎重的怀柔政策。此外，他还特意实行了一些优待少数民族的措施。

首先，优待各民族的君长。对于归附后入朝的可汗或国王，唐朝大都授予显贵的职务或封爵，死后祭奠，并且他们的子弟可以世袭父辈的爵位，或者赐李姓，将他们作为宗室看待。贞观三年的时候，突厥的突利可汗请求入朝，唐太宗优厚地款待他，第二年就封他为右卫大将军、北平郡王，赐给食邑七百户等等。贞观二十二年，赐契丹酋长、奚国酋长李姓。

其次，从多方面优待少数民族。在

赋税和徭役上照顾少数民族，在生活上救济少数民族，改善他们的生活。这些都是唐王朝不同于其他民族统治者的明显标志。李世民知道民族压迫和剥削的恶果，因此，对归附或征服的边疆少数民族，都不征税。

第三，不轻易对少数民族用兵，慎重选取官吏处理民族事务，对破坏民族关系的官员严明法纪，加以惩办。

四、盛世景象

(一) 社会安定

贞观之初，全国上下在唐太宗的带领下，君民一心，经济很快得到了好转。到了贞观八九年间，牛马遍野，百姓丰衣足食、安居乐业。人们晚上睡觉的时候用不着锁门，走在路上见到别人丢的东西也不捡起来据为己有。全国上下出现了一片欣欣向荣的升平景象。

贞观四年（630年），全国被判为死刑的人仅有二十九个。到了贞观六年，死囚共三百九十人。年末的时候，唐太宗都会亲自来到监狱巡视，准许他们回家办理后事，第二年秋天再回来受刑（古时秋天行刑）。到了第二年九月，三百九十个囚犯全都回来领刑，没有一个人逃亡。唐太宗见到这种情况也为之感动，将这三百九十人全部赦免了。这件事情不仅在当时，而且在后代，无论是小说还是戏剧中，都被人们广为传颂。那时的中国政治清明，官吏各司其职，人民安居乐业，不公平的现象非常少，国人心中没有多少怨气。百姓们丰衣足食，心平气和地过日子，不会为了生存铤而走险，因此犯罪事件也就少之又少了。

(二) 政治清明

贞观时期是中国历史上一个令人骄傲的时期，因为此时政治清明，几乎没有贪官污吏，这也是李世民最值得称道的政绩。在李世民统治下的中国，皇帝率先作为榜样，大臣们一心为公，官员们各安本分，滥用职权和贪污渎职的现象降到了历史上的最低点。那个时代，在人们的心目中，贪官污吏是最可耻的，官员们大都能把自己的精力放在自己的事业上，克己奉公、尽职尽责的良好风气在官场上广为盛行。更为可贵的是：李世民也能够率先垂范，严于律己，为群臣百官作一个良好的榜样。一方面，统治者精明自律，官吏贪污的动机很小；另一方面，社会的大风气非常清明，贪官污吏难以找到藏身之地。

贞观时期,贪污腐败现象十分罕见。大臣官员们都能清廉自守,甚至过着十分清贫的生活,他们中的很多人都对国家尽心尽责,为人忠贞正直、体恤百姓,留下了很多传诵千古的故事,这些故事不仅在当时令人称道,就是在今天听来也十分让人感动。岑文本是中书省的副长官,后来当了中书令。虽然做了高官,但是他家里的房子又小又湿。有人劝他说:"你应该为自己打算打算,置备点家产吧!"他却回答说:"现在我身居要职,整天忙于处理政事,生怕有一点纰漏,哪里有工夫置备家产呢?"

(三)国界开放

从"贞观之治"开始,唐代同亚非各国的文化交流有了巨大的发展。贞观时期,中外使节的交往频繁,各国与唐朝经济联系加强，文化艺术的交流也随之增多，唐帝国逐渐发展成为当时世界上最文明强盛的国家，首都长安也成了世界级的大都会。那时唐朝神奇的魅力吸引着世界各国仁人志士的目光，贞观时期就有很多移民、侨民来唐定居，各国使臣、权贵、留学生、商人、僧侣、乐工、画师和舞蹈家聚居长安，彼此交往，为亚洲各国的经济文化交流作出了贡献。长安也开始从唐朝的政治、经济和文化中心，逐渐发展成为中外文化交流最重要的都市。贞观五年 (631年)，东突厥平定后，迁居长安的突厥人已经将近万家，以后西突厥和中亚各族人民都有成批迁居长安的。

波斯人在长安经商致富，印度人在长安宣传佛教，整个长安热闹非凡。

唐朝以高度的自信屹立于世界民族之林，成为中国历史上少有的开放王朝。外国人入境和中国人出境并没有太严格的限制，既不担心中国人出去后数典忘祖，也不担心外国人进来后喧宾夺主，更不担心外来文化把自己淹没。贞观时期的国民素质也非常高，对外国侨民既不歧视也不奉迎。外国人在中国就像在自己家里一样，享有和中国人一样的公民权利，不但可以发财致富，还可以从政当官。来自阿拉伯和日本的侨民就有不少在中国担任官职的，有的还担任部长级高级官员。

贞观时期，唐太宗还积极接收异族异国的留学生。唐帝国接收一批又一批的

外国留学生来中国学习先进文化，仅日本官派的公费留学生就接收了七批，每批都有几百人。民间自费留学生则远远超过此数。这些日本留学生学成归国后，在日本进行了第一次改良运动——"大化改新"，也就是中国化运动，上至典章制度，下至服饰风俗，全部仿效当时的唐王朝。

（四）商业发达

中国封建王朝的经济特征是"重农抑商"。封建时期，在人们的心目中，农业才是正经的生存之道，是正业，只有那些没有土地、身份低微的人才去从事商业，商人的地位比种田人要低好几个等次。商业在国民经济中所占的比重也就相当低。这也是中国的封建经济一直得不到

实质性发展的主要原因。

李世民是一位高瞻远瞩的皇帝，他在位的时候，不但不歧视商业，而且还给商业发展提供了许多便利条件。贞观时期，在唐太宗的倡导下，商业经济得到了迅速的发展和长足的进步。新兴的商业城市犹如雨后春笋一般兴起。当时世界出名的商业城市，有一半以上集中在中国。除了沿海一带的交州、广州、明州、福州外，还有内陆的洪州 (江西南昌)、扬州、益州 (四川成都) 和西北的沙州 (甘肃敦煌)、凉州 (甘肃武威)。首都长安和陪都洛阳则是世界性的大都会。

举世闻名的"丝绸之路"是联系东西方物质文明的纽带，可这条商业通道在

唐帝国时才达到它的最大使用价值。唐帝国的疆域空前辽阔,在西域设立了四个军事重镇(安西四镇),西部边界直达中亚的石国(今属哈萨克斯坦),为东西方来往的商旅提供了安定的社会秩序和有效的安全保障,结果丝绸之路上的商旅络绎不绝,品种繁多的大宗货物在东西方世界往来传递,使丝绸之路成了当时整个世界的黄金走廊。

(五) 民族关系

唐太宗执政时期非常重视民族关系的发展,他主张消除民族隔阂、民族偏见和歧视,以非常开明、宽容的思想来改善民族关系并使其健康发展。在他的努力下,出现了汉族和各少数民族和睦相处、团结友爱的局面,是历史上难得的民族关系融洽、各民族和

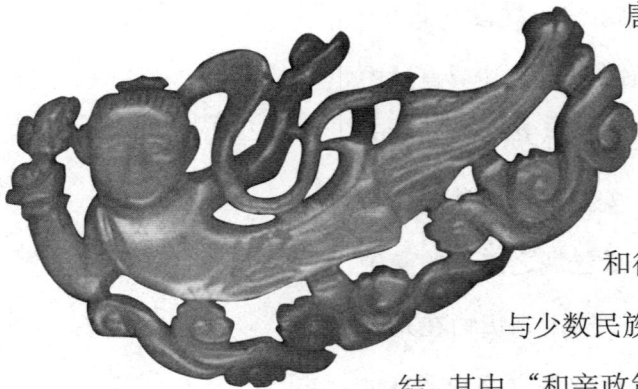

睦共处的黄金时期。

唐太宗十分注重用"和亲"方式来加强与少数民族之间的交流和往来,借此来巩固与少数民族之间的联系和团结。其中,"和亲政策"影响最为深远的就是我们熟知的文成公主嫁给松赞干布,实现了边境地区的统一和安定,民族间交往密切。一方面中原地区的先进技术传到少数民族地区,推动了这些地区经济文化的发展和进步,促进了边疆地区的开发;另一方面,少数民族地区的一些文化和技术进入中原内地,对汉文化的发展和繁荣产生了积极的补充作用,最终实现了统一的多民族国家经济文化繁荣局面。

(六) 科技文化

唐朝时期民族关系融洽、和睦。为这时期科技文化的联系和交流提供了便利条件。文化是一个国家、一个民族全部智慧与文明的体现，是维系一个国家和民族精神的纽带。一个国家的强大无不在文化中体现出来。唐太宗时期实现了释、儒、道三教合一，各种思想文化首次实现了融合。大唐文化开放、自由的精神，使唐朝能够实现"贞观之治"时期文化大融合。此外，唐太宗发展科举，重视人才培养，提倡儒学，奖励文士，兴办学校，这些都在一定程度上促进了唐朝文明的发展和繁荣。

五、"贞观之治"的历史意义与局限性

　　"贞观之治"在中国历史发展过程中具有极其重要的地位。李世民在位时期，唐朝的各个方面都呈现出前朝不曾出现的繁荣盛世局面，这主要是唐太宗李世民吸取隋朝灭亡的经验教训，始终以隋朝为借鉴，体察民情、思治民情，在位期间所实施的政策措施的出发点一直是以人民立场为基本——"抚民以静"。积极推行各种有利于社会经济恢复和发

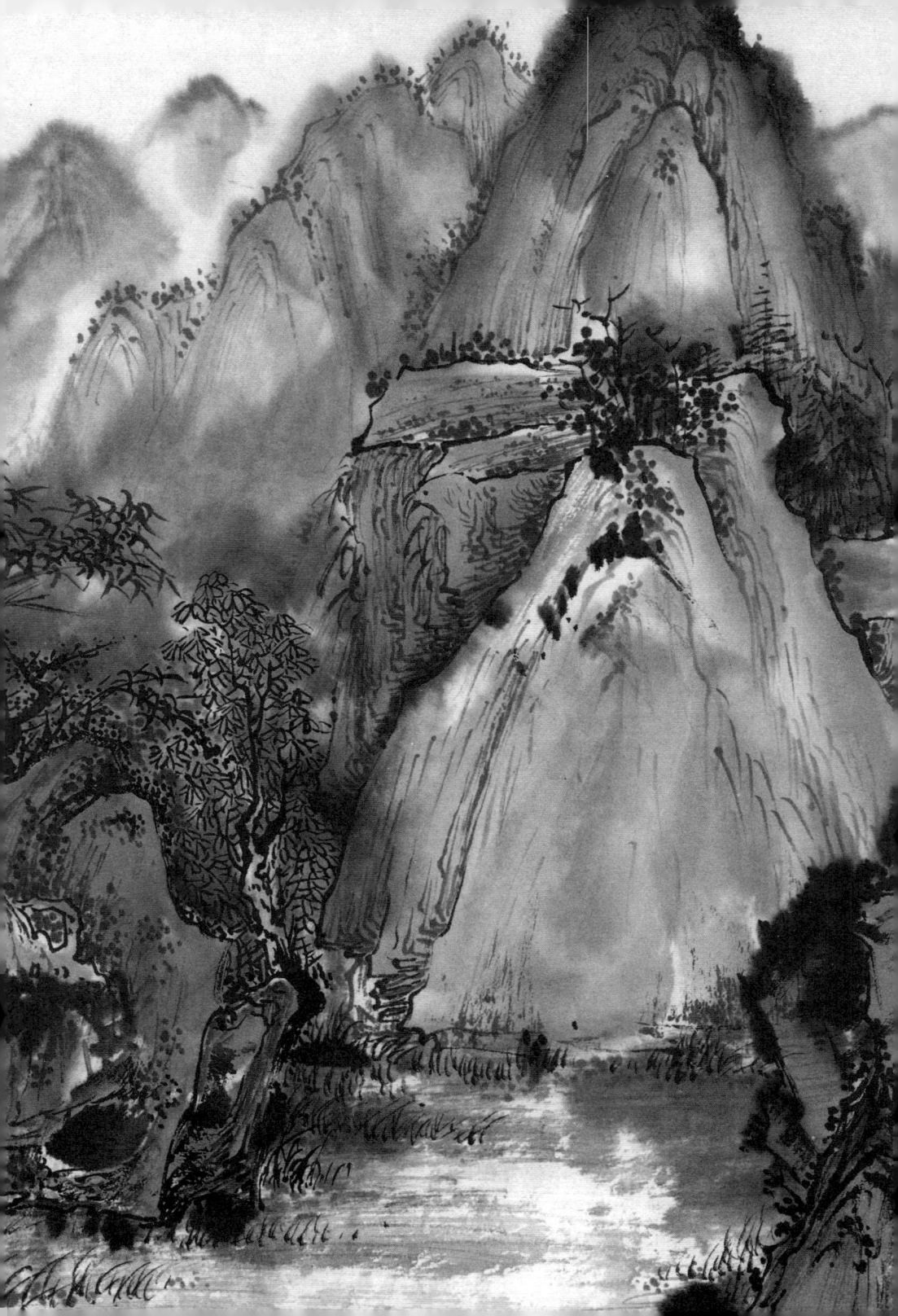

展的措施，例如去奢省费、轻徭薄赋、兴修水利、鼓励垦荒等，这些措施都在一定程度上促进了农民从事农业生产的积极性和主动性，使得唐王朝在战争和政治动乱后，经济生产力得以快速恢复和发展；另外，唐太宗还特别注意人才的任用和选拔以及勇于纳谏，选用廉吏、从谏如流、选贤任能。体现出唐太宗李世民的识人、用人的果敢和精明的领袖气质。李世民本着舍短取长，兼明优劣的用人方针，充分发挥贤者能人的德才之处，亲君子、远小人，士庶并举、新故同进、汉夷同用。房玄龄、杜如晦、魏徵、虞世南、秦叔宝等，或以善谋、或以善断、或以忠直、或以干练、或以文采，真所谓各尽所能，这些人才能被唐太宗巧妙、合理地配置利用也是大唐王朝出现盛世局面

唐　秦叔宝

的一个重要因素之一。同时，唐太宗还注
意整顿吏治，提倡节俭，抑制旧族势力，
重视教育，兴办学校，兴盛科举制度，广

泛吸纳各方面人才为己所用，笼络知识
分子，为庶民广开参政之门。李世民一方
面通过军队和边防建设，安抚边疆各族，

缓和了西北、北边的危患，另一方面他坚持兼容并蓄、文明开放的民族思想，积极地推动和亲、团结、德化的民族政策，为统一的多民族国家作出了卓越的贡献，成为处理民族关系方面的典范，其积极意义影响深远。唐太宗李世民通过上述实行的一系列关于政治、经济、文化、民族等方面的政策措施，效果显著，影响深远。"贞观之治"在唐朝社会全方位地呈现出一幅社会安定和谐、人民安居乐业的盛世景象，史学家经常将其与汉代的"文景之治"相媲美。

史书记载，贞观年间"官吏多自清谨。制驭王公、妃主之家，大姓豪猾之伍，皆畏威屏迹，无敢侵欺细人。商旅野次，无复盗贼，囹圄常空，马牛布野，外户不闭。又频致丰稔，米斗三四钱，行旅自京师至于岭表，自山东至于沧海，皆不粮，取给于路。入山东村落，行客经过者，必厚加供待，或发时有赠遗。此皆古昔未有也"。这就是封建史家所描绘的"贞观之治"。总的说来，贞观时期，以唐太宗为首的统治集团注意发展农业生产，轻徭薄赋，他用贤勤政，政治较为清明，人民生活基本有了保障，社会秩序安定，阶级矛盾缓和，民族关系较融洽。这确实是封建社会的治世，它比平世自然

好得多，更不要说乱世了。唐太宗是实现
"贞观之治"的领导者，他比封建时代的
平庸君主要强得多，更不要说昏君、暴君
了。明君、治世，给人民带来了好处，对社
会发展有利。从这个角度看，对唐太宗和
"贞观之治"是应当予以肯定的。总之，
唐太宗李世民采取了有利于社会经济、
政治、文化等多方面发展和进步的措施，
这说明李世民顺应了历史发展大趋势，
从而取得了推动社会历史发展的巨大作
用，通过他的努力呈现出的"贞观之治"
的局面也极大地影响中国历史发展的进
程，对后世以及历史的发展都产生了非常
深远的积极影响。但是，我们必须注意的
是即使在"贞观"时
期，农民生活还是很
苦的。隋炀帝时期，
人民为了逃避繁杂且
苛重的赋役和徭役，
竟然自残肢体，称之

为"福手""福足";
贞观时期，这种"遗
风犹存"。这种现象
的出现在一定程度
上说明了在封建社
会的治世时期，人民
所承受的各种负担
依然沉重，生活依然
贫困和艰苦，社会阶
级矛盾还是比较尖
锐。唐太宗作为封建
帝王，在他的统治初
期，励精图治、勤奋进取、留心治道、兼
听纳谏、注意节俭。但是，随着唐朝政权
的稳固，尤其是唐太宗执政中晚期，他逐
渐骄傲起来了，主动纳谏也少了，唐太宗
逐渐走向奢靡，有时浪掷民财，纳谏、用
人、执法等方面也不如以往，行幸和游猎
逐渐频繁了；总之，贞观后期的政治、经
济等方面基本上不如贞观前期的社会状

况，这说明"贞观之治"的效果和成就并不是一成不变、始终如一的。这些方面的缺陷造成了唐太宗统治时期"贞观之治"的局限性。诚然，在唐太宗和整个贞观时期，这只是一些不足之处，不足以否定"贞观之治"的主要成果和繁荣程度，并不影响唐太宗作为杰出政治家和"贞观之治"封建社会著名治世的历史地位。